Marie-Noëlle Agniau

The Escapades

translated from French by Jesse Hover Amar

WORLD POETRY

The Escapades by Marie-Noëlle Agniau

Originally published in France under the title *Cavale* (Paris: L'Harmattan, 2013)

First Edition, First Printing, 2024
ISBN 978-1-954218-25-3

World Poetry Books
New York, NY
www.worldpoetrybooks.com

Available to the trade through Asterism Books
Distributed in the UK and Europe by Turnaround Publisher Services
Subscriptions and standing orders available directly from the publisher

Library of Congress Control Number: 2024938880

Cover design by Andrew Bourne
Typesetting by Don't Look Now
Printed in Lithuania by BALTO Print

World Poetry Books publishes exceptional translations of poetry from a broad range of languages and traditions, bringing the work of modern masters, emerging voices, and pioneering innovators from around the world to English-language readers in affordable trade editions. Founded in 2017, World Poetry Books is a 501(c)(3) nonprofit and charitable organization based in New York City and affiliated with the Humanities Institute and the Translation Program at the University of Connecticut (Storrs).

UCONN
HUMANITIES INSTITUTE

The Escapades

Et déjà je sens que l'on me ravit les traits humains.
Changée en cavale, je prends le corps de ma famille.

Ovide, *Les Métamorphoses*

For now my native shape withdrawes…
I am transformed to a Mare like other of my kinne.

Ovid, *Metamorphoses* (tr. Arthur Golding)

Il faut retenir la langue.
L'empêcher qu'un gouffre sans nom l'avale.
Car la langue qui repose comme un gisant au fond
de la gorge gît vers dehors. Un monde l'appelle.

It's needful to retain the tongue.
Prevent a nameless gulf from swallowing it.
For the tongue which here lies
at the bottom of the throat
lies outward. A world calls.

Cavale (o)

Un jour,
je me suis mise à mal écrire.

Que je foisonne, que je foisonne…

La grande ampleur du corps se casse,
fut scindée.

Escapade (0)

One day,
I sat down to write badly.

May I multiply, may I multiply...

The grand scale of the body breaks,
was sundered.

Cavale (I)

Il est des commencements simples et des commencements plus complexes. Ainsi les coquillages, ou bien nos histoires d'amour. La manière d'écrire aussi. Où s'abriter du vent ? Il faut se pencher, ne pas céder tout de suite aux gisements, fouiller longtemps les travaux qui s'effectuent en sourdine.
Il est un métier ancien comme porteuse d'eau, ou transhumance.
Homme et femme.
Il est un ballon si léger qu'il promène des rencontres.
Et pour tout rêve, ce jardin. Royaume de la destruction passive.

(un magnétophone fut posé sur la pierre la plus plate)

Jacinthes, fleurs de Mékong entremêlées à l'eau de tes cheveux :
bleue comme le lait.

Escapade (1)

There are simple beginnings and more complex beginnings. Thus seashells, and indeed our love stories. Ways of writing, too. Where to shelter from the wind? We must stoop, not yield too soon to the unyielding vein. Patiently excavate works realized in silence.
It's a craft as ancient as the waterbearer's, or transhumance.
Man and woman.
It's so light a ball it trails encounters in its wake.
And for every dream, this garden. Kingdom of the passive destruction.

(a tape recorder was posed on the flattest stone)

Hyacinths, Mekong flowers, mingled in the water of your hair:
blue as milk.

Cavale (2)

Advenir, c'est nue que je viens, hantée et vide :

j'habitais au bout de la Phthie, et j'y commandais aux Dolopes.

(légions invisibles)

Au bout du chemin,
les genoux perdent tout. Contrefort, partage de l'eau, la grandeur.
Désormais, je remonte avec de quoi survivre :
une simple amande.

(où qu'on soit, le poème est en faction)

J'épaulai l'arbre en détresse. Sa douleur formidable : le jour crible les feuilles, l'une après l'autre quand je regarde en l'air : je suis percée à l'identique par les mille petits trous de la peau. Des aiguilles de lumière filtrent ma chair. La chair d'érable s'enracine lourdement.

Escapade (2)

Become, it's naked I come, haunted and void:

I lived at the ends of Phthia, there I ruled the Dolopians.

(invisible legions)

At the end of the road,
knees fail. Foothill, division of water, the grandeur.
I'll be going back up, with the means to survive:
a single almond.

(wherever one is, the poem stands guard)

I shouldered the tree in distress. Its tremendous pain:
day sifts through the leaves, one by one as I look to the sky: I alike
am pierced, through the thousand small holes in my skin. My flesh
filters needles of light. Maple-flesh takes root heavily.

Cavale (3)

Excuse-moi de faire ce bruit de velours froissé mais le monde entier est un fragment.

Le monde ne peut se rétracter
sous peine d'être tu, complètement tu, devenir immobile.
Le monde et ma robe avec, absorbent le volume des choses qui ressemble à *poussière*.
Mon corps charrie ce que je suis avec tant d'autres nuits levées.
Je vais chanter la chanson.

D'où je viens,
le temps écrase et déchire au ciseau par le ventre. Je suis fils ou fille, langue tierce, inouïe. D'où je viens, je suis vivant toujours plus vivant. D'où je viens, chaque heure est vécue,
reconduite.

Escapade (3)

Sorry for making this racket of ruffled velvet but the whole world's a fragment.

The world cannot be retracted
on pain of being silenced, completely silenced, of becoming immobile.
The world and my dress absorb the volume of things which looks like *dust.*
My body transports what I am and so many other sleepless nights.
I am going to sing the song.

Where I come from,
time crushes and shears with a chisel, through the belly. I am boy or girl, third-language, unheard-of. Where I come from, I'm alive ever more alive. Where I come from, every hour is lived,
reprised.

Cavale (4)

Je ne cesse d'épier quand tu parles, la voix indivise. Elle a commencé comme étant le non enregistrable.

(la bande sonore s'affole)

On est hors de soi la vitesse de personne, la boue au galop.

Les sources qui nous meuvent précèdent.

Tintinnabulent.

Escapade (4)

I'm always watching when you speak, your voice undivided.
It began as being the unrecordable.

(the tape flips out)

We're outside ourselves, inhuman speed, mud at a gallop.

The sources that move us precede.

Tintinnabulate.

Cavale (5)

(on entend le feutre des pas)

Des pas assourdis par la chaleur du sable des pas profonds lutter contre l'enfouissement. Avec leurs lacunes, leurs défauts. Les oiseaux constituent le seul vrai désordre et croient se cacher en fermant les yeux. La plage se transforme le soir : elle est leur piste, le dernier sprint, un miroir glissant à l'amble des bergeronnettes.

Je prends sur la lande une poignée de brindilles.

Des cheveux secs.

La laine grince.

Escapade (5)

(you hear felt-tipped steps)

Steps muffled by the heat of the sand buried steps struggling free from the landfill. With their lacunae, their faults. Birds constitute the only true disorder and believe they are hidden when they close their eyes. At evening the beach transforms: it is their track, the last few yards, a mirror sliding at a toddle like wagtails'.

I cull from the moor a handful of twigs.

Dry hairs.

Wool creaks.

Cavale (6)

Même à naître aveugle, le sel donne soif. La nappe, là-bas, est déjà mise. De la couleur que tu veux. Il y a plus que l'écorce de part et d'autre du blé.

Le blé déroule son herbe immense.

Escapade (6)

Even birth thirsts, blind, in salt. The tablecloth's already laid down there. Whatever color you like. There's more than chaff enfolding wheat.

The wheat unfurls its fields, immense.

Cavale (7)

(le vent s'engouffre dans les cerfs-volants et les plus maladroits piquent du nez)
(sans doute sont-ils tenus par les bras trop courts des enfants)

une force supérieure à la leur les emporte

Grand nombre de bêtes sont rangées dans la joie.
Mais pas toi.

Ce que cherchent les oiseaux, ce n'est pas quelqu'un mais la parole dont ils furent privés, déclouée net. Voyez cette marque, rouge clair sur le bec : c'est un bouton qui n'ouvre sur rien. C'est l'heure du moindre effort et peut-être n'y a-t-il au monde d'effort plus petit (sauf à sentir tes battements d'ailes) : laisser choir les tongs.

Au hasard d'un livre, on glane les faits divers :

...tombe à genoux sur la terre...

Escapade (7)

(the wind surges in the kites, and the most unwieldy nosedive)
(of course they're grasped by children's too-short arms)

a greater force than theirs sweeps them away

Many animals can be neatly stowed in joy.
But not you.

What birds seek isn't someone, but speech—speech denied them, pried from them. See this mark, bright red on the beak—it's a button that opens on nothing. Now is a time for small efforts, and there may be nothing less effortful in the world (besides sensing the beat of your wings): let the flip-flops drop.

Leafing through a book, one gleans various facts:

... falls to her knees on the earth ...

Cavale (8)

Nous entrons dans la vie résiduelle, la fabrique énorme des coquillages, ventres serrés, nous entrons. Texte fou. Nous entrons à l'ouverture. Glaires. Nombrils. Nous entrons. L'ombre en main. Nous entrons.

littorines

Elles poussent un cri. De pousser un cri comme *Sisyphe* en extase, étouffait l'arrière-gorge. Comme toujours, un morceau de fracture. La peau dure de quelqu'un.

Avatar d'une mue, méconnaissable.

Escapade (8)

We enter a life of residues, an enormous seashell factory; a tightness in our bellies, we enter. Wild text. We enter at the opening. Mucus. Navels. We enter. Shadow in hand. We enter.

whelks

They squeal. Squealing like *Sisyphus* in ecstasy clogged their throats. As always, a piece of fracture. Someone's rough skin.

A molt's avatar, unrecognizable.

Cavale (9)

Ici ma maison est mobile.

Île verte, en l'absence de toute
géographie.
On en ferait aisément le tour à pied. Sans jamais voir que des silhouettes. Et *Galilée*.

Dont l'attraction terrestre froisse les roseaux.

(on y mesure la blancheur d'une aigrette)

Un chien – sans toit ni maître – renifle les pas, rase les murs, les villes nouvelles. Son projet : désensevelir. L'enfant quant à lui hésite à tomber. Soit qu'il imite le pas de côté soit qu'il perde un instant dans la totalité du jeu qui l'anime, l'usage d'être debout, soit qu'il essaie de concevoir sa naissance.

C'est à chaque fois cohue de corps où s'ébattre.

Escapade (9)

Here my home is mobile.

Green isle, in the absence of all
geography.
You'd make the round of it on foot with ease. Without ever seeing anything but silhouettes. And *Galilee.*

Whose gravity bows the rushes.

(where an egret's whiteness is measured)

A dog—with neither home nor master—sniffs the tracks, skims the walls, the new burgs. His mission: unshroud. The child for his part is reluctant to fall. Whether he copies this sidestep, or wastes a moment in the totality of the game which animates him (the habit of standing upright), or attempts to conceive his birth.

Each time it's a rush of bodies to frolic in.

Cavale (10)

Je bois au verre la sensation de gaufrette.

(ma langue crépite comme un feu)

Papier *do* mouillé à même les choses. Tant qu'on ne sait comment le décoller. Il rend, dit-on là-bas, le vent visible et l'onde des fleuves et l'agencement des muscles, fémur et crâne. Il fige la pluie. Le visage n'est pas en reste et se parcourt en tous sens.

J'ai trouvé à la base ce qui liait les mains : agar-agar.

Escapade (10)

I drink the feeling of wafers by the glass.

(my tongue crackles like a fire)

Dó paper soaked onto things. Too much to peel off. Down there they say it makes the wind visible, and the river's wave, the arrangement of muscles, femur, skull. It rivets the rain. The face is no exception and is crisscrossed all over.

At the bottom I found what bound the hands: agar-agar.

Cavale (II)

Pur, cran, démangeaison.
Comme ça me mange, ton être en moi !

En allant porter le feu,
ce trouble que tu m'apportes.

Ce trou génial est une genèse.

Plus le drap se déchire, souffle court !
Un creux nous arrive.

fragmentations

J'ai vu des huppes à la remorque des champs.
Thulé dans un livre. De l'autre côté du globe.

(les graines de tournesol forment un ciel gris)

Escapade (II)

Pure, grit, itch.
How it gnaws me, your being inside!

While I carry the fire,
this confusion you bring me.

This wonderful hole is a genesis.

The more the sheet tears, gasp!
A hollow finds us.

fragmentations

I've seen hoopoes trailing fields.
Thule, in a book. From the other side of the world.

(sunflower seeds form a gray sky)

Cavale (12)

Corne de douleur, comme un grand pleur, imminent.

À tous les étages,
lueur, stable, malgré les plis, j'allaite un silence, humain.

Les récits sont désertés. Plus personne ne vient.

Les enfants ramassent ce qui tombe de nos poches.
Paroles perdues aussi bien que frayeur. Pourquoi nous les rendre ?

Escapade (12)

Horn of sorrow, like a sob, incoming.

On every floor,
a glimmer, steady, despite its folds, I nurse my silence, human.

Stories are deserted. No one comes anymore.

Children gather what falls from our pockets.
Lost words and fright. Why should they give them back?

Cavale (13)

les sommeils s'écrasent
les fenêtres diminuent
l'air des falaises

Icare

L'ombre est jointure.
Ce que je n'avais pas vu quand sous l'arche, tu me demandas si j'avais un nom, et lequel ? Quel anneau tient le jour, quelle clarté, quelle alliance aussi ténue que toi, qui nous prolonge ? Au plus fort de l'été, le vent est une fougère, imperceptible. Que vas-tu faire, à l'essayage ? Dans quelle cachette et quelle nature ? Cette bosse de nuit qu'on appelait jadis *pomme d'Adam*, n'était-ce pas mieux un vieux chiffon à séparer poussière de l'air, crachats de sang et verbes d'action ?

Escapade (13)

slumbers shatter
windows thin
the air from cliffs

Icarus

Shadow is junction.
What I hadn't seen when, beneath the arch, you asked me if I had a name and what it was. What is this ring around the day, this brightness, this wedding band as slight as you, and which prolongs us? At the height of summer, the wind's a fern, imperceptible. What will you do at the fitting? In what covert, what nature? This knob of night formerly called *Adam's apple*, wasn't it really an old rag for sifting dust from air, hocks of blood and action verbs?

Cavale (14)

Je suis plus seul que la faim qui tanne et relance.
Je suis la forêt le loup intime.

Cela me fait du mal mais plus bas que la bouche : ouvrant le dehors à la manière du linge mouillé pesant seul sur le bras, l'équivalent d'un corps.

Mais plus bas que la terre le bec entrouvert.
Mais plus bas et pas droit, endormi, l'air de rien.

Escapade (14)

I'm more alone than fretting, goading hunger.
I'm the forest the wolf within.

That hurts me, but below the mouth: opening the outside the way
wet laundry weighs on the arm, comparable to a corpse.

But below the earth the half-open beak.
But below and aside, asleep, as if nothing were wrong.

Cavale (15)

Ton aboiement convoque toute une série de spectres.
Figures illisibles.

(elles se taisent en ordonnant les cris)

L'enfant cueille,
dans les buissons, quelques groseilles.
Le souvenir d'un gant d'haleine. Au visage, une caresse. Car les ronces ont échappé leurs griffes. Entre les doigts.
Malheur !
Chemin blessé.

Escapade (15)

Your baying convokes a whole series of specters.
Illegible figures.

(they fall silent arranging the screams)

The child picks
in the bushes, a few gooseberries.
The memory of a gloveful of breath. For the face, a caress.
For the brambles have slipped their clutches. Between their fingers.
Woe!
Wounded road.

Cavale (16)

Lumière fossile glissée dans les astres.
Elle nous parvient, spontanément.

Que font vos paroles là-bas ?

Elles crient comme un geai préhistorique.
De la violence à mettre dans les échanges muets. Partout les mains se cognent à modifier le vide.

Escapade (16)

Fossilized light gliding between stars.
It reaches us of its own volition.

What are your words doing there?

They screech like a prehistoric jay.
Of the violence to be vested in mute exchanges. Everywhere
hands clash, shaping the void.

Cavale (17)

Le poème est venu te parler
des choses qui ne sont pas encore là.

Escapade (17)

The poem has come to speak to you
of things that are not yet there.

Cavale (18)

Le poème est venu te parler des choses qui ne sont pas encore là
comme une langue de chair manque au pain complet.
Le poème avance son petit corps de taupe et bondit suivant le radar souterrain des yeux qui n'ont pas fini de voir,
le poème se roule en boule comme l'animal entre nos mains, ratées.

Le poème est venu tout seul épuiser à pleins poumons
l'air du chemin.

...en rejoignant le bord de l'étang,

j'ai murmuré au fond de l'eau que l'eau craque et repose sinon le souci de pousser l'eau avec soi toute l'eau devant soi...

Escapade (18)

The poem has come to speak to you of things that are not yet there
like whole wheat bread lacks a tongue of flesh.
The poem advances its little mole's body and springs, following
the underground radar of eyes which have not ceased to see,
the poem curls up like the animal between our flailing hands.

The poem has come alone, breathing deep, to drain
the atmosphere of the road.

...coming along beside the pond again,

I murmured to the water's depths that the water bursts and recedes
or else the desire to drive the water along all the water before...

Cavale (19)

Le poème est oubli,
concrétion de signes et donne son nom à quelqu'un. Il est en somme
la substance infinie et l'amour qu'il met dans sa recherche
(c'est à peine une recherche) oriente la clairière d'une invisible forêt.

Escapade (19)

The poem is forgetting,
concretion of signs, and bestows its name on someone. In sum, it is infinite substance and the love with which it invests its search (it's hardly a search) orients the clearing in an invisible forest.

Cavale (20)

Voilà qu'on m'attribue, penchée vers toi,
tel un homme, un caractère, la qualité du chat. À force de combattre les prédateurs, j'ai la mâchoire qui descend. Un bout d'os s'est même pris dedans.

Un bout d'os, dis-je, un bout d'os.

Désormais pour manger, il n'y a plus d'intermédiaire. Que le sol qu'on renverse dans ma bouche. Poème, peut-on dire, avec une plaie trop petite pour ça ?

Escapade (20)

There, I am assigned, like a man,
bent towards you, a quality, the nature of a cat. Thanks to my combats with predators I have a jaw which clamps. In which a bit of bone is even caught.

A bit of bone, I say, a bit of bone.

Henceforth to eat shall require no intermediary. Besides the soil spilled into my mouth. A poem, might we say, with a wound too small for that?

Cavale (21)

Les visages (familiers en leur temps) disparurent par petite touche
selon un ordre arbitraire.

Ils disparurent inégalement ainsi que l'eau se partage
et creuse les sillons. Avec leurs lacunes,
leur défaut.

le poème isole dans son cœur

un cocon

paniqué à l'idée de ne pas suffire

Escapade (21)

The faces (familiar in their time) disappeared at a touch in an arbitrary order.

They disappeared unequally just as water divides
and delves in furrows. With their lacunae,
their failure.

the poem reserves in its heart

a cocoon

panicked at the thought of not being enough

Cavale (22)

Au même moment, on soulève quantité de feuilles. Ici et là, on y enfouit chaussures et pieds, chaussons d'automne et jeux d'enfants. Comme on eût aimé y fondre tout le corps ! En dessous ! Encore ! Je ramasse en vitesse les dernières affaires à prendre. Un peu de sable. Un peu les miettes. Des centaines de coccinelles jaillissent de la terre intérieure. Le poème s'imagine impossible. Détenu par les cris de gerçure : le goût perdu. Il commence à vivre une fois qu'on s'en va, nourri à l'aveugle et comme lumière, agite l'air de multiples façons.

Nous sommes rivés à ses moindres apparitions.

Escapade (22)

At once, we stir up a billow of leaves.
Here and there we tuck in our shoes and feet, autumn turnovers, children's games. How nice it would have been, to melt into it, body and all. Underneath! Again! In a rush I collect the last of our things. A bit of sand. A few scraps. Hundreds of ladybugs gush from the earth. The poem pictures itself as impossible. Held back by cries of chapped skin: taste is lost. It starts to live when it's left, fed in darkness and like light it stirs the air in several ways.

We are riveted by its merest appearance.

Cavale (23)

Nul n'est venu, nul bruit, nul être de chair, nul oiseau, nulle articulation. Le cœur pousse dans une autre cavité. Te voilà sec comme la bouche, transformée la nuit en tissu inerte.

(les masques suintent dans la chambre du sphinx)

L'Œuf de poussière
que tu régurgites intègre les efforts de l'espèce. Alors tu ne bouges pas. Il faut te tenir la tête comme on tient dans sa main la main qui tremble et porte à peine ses propres os. La voix nous arrive, découragée par la meute. C'est comme si toutes les bêtes de la création s'attaquaient à l'espoir. Comme si c'était un morceau de viande tout nu de peau qu'on se dispute à grands coups de langues et d'affolements,
violents. Comme si tu mettais la parole en danger, elle-même saine et sauve comme image.

Escapade (23)

Nothing came, no sound, no being of flesh, no bird,
no articulation. The heart grows in a different cavity. Look at you,
dry as a mouth transformed overnight into inert tissue.

(masks ooze in the chamber of the sphinx)

The egg of dust
which you regurgitate integrates the efforts of the species. You're not going anywhere now. Your head must be held as one holds in one's hand a hand trembling, barely bearing its own bones. The voice reaches us, disheartened by the pack. It's as if every beast in creation were waging war on hope. As if hope were a bit of meat bare of skin, disputed with swipes of the tongue, and of violent panics. As if you'd put speech, in itself the picture of health, in peril.

Cavale (24)

Tu es comme la cicatrice *limée* sur la tempe gauche. De celles dont la rumeur dit qu'elles blanchissent avec le temps. Que la peau résorbe et concentre au point de n'en garder qu'un segment. Elle n'a pas disparu, au contraire, elle s'est étendue de tout son long en chair adulte. On dirait un bout de chair mâchée. Longuement. Avec patience. Et quand je passe mes doigts dessus avec cette manie de toujours m'essuyer le visage, je sens mais tout doucement ce creux en lequel il y a un peu moins de peau qu'ailleurs. Il y a là comme un réservoir, quelque chose qui de toutes les façons attire le regard puisqu'au bout du trait, il y a comme un petit bulbe, un bulbe fermé définitivement et comme un aveu de pauvreté. Tu renouvelles en moi toutes les puissances et toutes les forces comme si de te connaître, on m'avait changé tout mon sang et tout mon être. Renouvelée des pieds à la tête et jusqu'à mes façons de sentir. Comme de couler en soi d'autres visages.

Escapade (24)

You are like the *fine-line* scar
on my left temple. One of those, rumor has it, which whiten with age. Which the skin reabsorbs and concentrates, till there's only a segment. It hasn't disappeared, on the contrary, it has stretched to its full length in adult flesh. You'd think it was a bit of chewed flesh. Deliberately. Patiently. And when my fingers pass over it, driven by my tic of constantly wiping my face, I feel, but gingerly, this crevice where skin used to be. There's a kind of reservoir there, something that in all ways draws the eye because at the end of the line there's a kind of little bulb, a bulb definitively closed and like an avowal of poverty. You renew all the powers in me and all my forces, as if from knowing you my blood had changed and all my body. Renewed from top to toe and even in the ways I feel. Like flooding oneself with others' faces.

Cavale (25)

Tu me demandes de reconnaître l'amour et d'en dire les signes alors que je suis infirme. En premier, je décrirai la faim. Elle quitte le corps. Elle est la faim physique. L'appétit essentiel du vivant qui le nourrit et le maintient comme vivant. Mais voilà, la faim quitte le corps, la faim physique décèle en elle une autre faim, elle est l'amour et l'impatience et le qui-vive et l'alerte, ce qui détourne de soi et du cauchemar du monde comme l'enfant se précipite hors du lit pour échapper à l'assaut incontrôlable des fantômes. Qu'est-elle alors cette faim ? Elle est l'amour, elle est désir par quoi tous les lieux s'investissent d'une présence, par quoi tous les instants se rapprochent de la chair. Par quoi le monde n'a plus d'autre épaisseur qu'en la tienne, par quoi les yeux ouvrent leurs paupières du fil qui les tenait ensemble comme collées par de la poisse ou le carré noir d'un tissu. On enlève de soi la vue courte. La langue s'engrange elle-même et s'alimente à sa source, ne laissant rien de côté puisque tout est bon pour elle : chaque mot est l'amour qu'on amène et ramène dans un nœud aussi vulnérable qu'une brindille mais dont la complexion atteste de l'extrême volonté aussi naturellement que le plus petit être se tient. Elle est le cristallin qui voit pur. Elle est un état de grâce qui se perpétue et s'élabore quand parfois nous en sommes chassés. Tels les intrus qu'on met soigneusement à l'écart. Elle est la faim qui enchante, adoucit, propage, inonde tous les rapports. Elle nous hisse plus hauts et meilleurs que nous ne l'étions jamais. Elle fait de nous un pacte d'inquiétude.

Escapade (25)

You ask me to recognize love and describe its symptoms now that I'm sick. First, I shall describe hunger. It leaves the body. It is physical hunger. The essential appetite of the living thing which nourishes it and maintains it *qua* living. But observe, hunger leaves the body, the physical hunger reveals within itself another hunger, it is love and impatience, the lookout and the alarm, which distracts from itself and from the nightmare of the world the way a child leaps from bed to escape the uncontrollable onslaught of phantoms. What is this hunger then? It is love, it is desire, through which all places are invested with presence, through which each instant draws near to the flesh. By which the world no longer has any thickness but yours, by which eyes open their lids, tugging the thread that held them fast like a daub of pitch or patch of black gauze. We put aside our short sight. The tongue reaps itself and feeds on its own source, leaving nothing aside since everything is good for it: every word is love brought again and again into a knot as fragile as a twig but whose complexion attests an extraordinary will, as naturally as the smallest in creation deport themselves. It is the clear-seeing lens. It is a state of grace which perpetuates and elaborates itself sometimes, when we've been chased away. Like interlopers kept carefully at arm's length. It is the hunger that enchants and sweetens, propagates, inundates all relations. It hoists us higher and better than we've ever been. It makes of us a pact of disquiet.

Cavale (26)

Je suis aussi ton désordre que je vêts et informe.
Et si nos mains tremblent, ce n'est pas de nervosité. Elles tremblent d'avoir reconnu le visage qui les fait trembler, elles tremblent d'amour et de peur à la fois, elles tremblent qu'on les ignore comme laissées dès leur naissance à la première venue. Je suis la totalité comme est totale la chaleur du sexe. Je suis tout aussi bien le désamour, la fatigue d'aimer, le terrassement jusqu'au silence quand l'air n'a plus sa place pour passer. Je suis la vie mordante absolue, le corps en rut, la zone de translation. Je suis l'exact contraire du poème. Les enfants qu'on cogne front à front pour les nier. Je pose l'amour qui n'est pas pris au sérieux. Tu t'en moques comme d'une bête maladroite. Je pose mon corps sur un lit dur, les épaules attirées par-delà le noir monde. Ton haleine vient à la rescousse. Elle est précieuse comme la brume : ce qui n'est rien et nulle part peut se montrer. Ce serait comme on souffle dans ton œil pour chasser la taie : les femmes coupèrent leurs cheveux et les hommes se turent dans le plus profond des manteaux. Il fallut attendre encore mais d'une attente réduite à ça : les femmes coupèrent leurs cheveux et les hommes se turent dans le plus profond des manteaux.

Escapade (26)

I am also your disorder, which I dress and brief. And if our hands shake, it isn't nerves. They shake from having recognized the face that makes them shake, they shake from love and fear at once, they shake at being unnoticed, abandoned from birth to the first comer. I am totality as the warmth of sex is total. I am just as much the end of love, fatigue with loving, a leveling unto silence when the air becomes too narrow to cross. I am scathing absolute life, the body in rut, the zone of translational motion. I am the exact opposite of the poem. The children one knocks brow to brow, to cancel them out. I propose love, which is not taken seriously. You mock me like a clumsy beast. I pose my body on a hard bed, shoulders drawn away beyond the black world. Your breath comes to the rescue. It is precious, like fog: what is nothing and nowhere can show itself. It would be like a puff of breath in the eye to remove a stye: the women cut their hair and the men were hushed in the deepest of overcoats. Again we had to wait, but with a waiting reduced to this: the women cut their hair and the men were hushed in the deepest of overcoats.

Cavale (27)

Ma parole est un sortilège
ainsi qu'on marche en forêt à singer les raisons d'une peur primitive : ma parole tranche, gît sur le sol, dit sa douleur, crache sur la terre, plie sa vertèbre, cherche sa racine, agite son moignon. Ma parole est un nourrisson : plus nue que l'être à ses débuts. Ma parole est une bouche : elle n'en peut plus d'ouvrir et d'être ouverte. Ma parole est une crampe : elle a stocké au fond de la gorge une capsule à couper le souffle. Ma parole a soif : elle n'a plus d'eau pour boire et ne sait même plus boire l'eau qu'on lui tend. Ma parole est une sorte de caillou vivant : un soupir. Ma parole est une toupie, un projectile : elle déplace le point de départ comme un souvenir longtemps reconstruit. Ma parole est un animal : elle console derrière la porte ce qui s'effondre.

Escapade (27)

My speech is a spell
and we walk the woods to ape the motives of a primitive fear: my speech cleaves, lies on the ground, speaks its pain, spits on the earth, folds up its vertebra, looks for its root, shakes its stump. My speech is a newborn: more naked than being at its inception. My speech is a mouth: it can't stand it anymore, opening and being opened. My speech is a cramp: it has stored at the base of my throat a breath-taking capsule. My speech is thirsty: it has no more water to drink and no longer even knows how to drink the water held out to it. My speech is a kind of living pebble: a sigh. My speech is a top, a projectile: it pushes back the starting point like a long-reconstructed memory. My speech is an animal: behind the door
it consoles whatever collapses.

Cavale (28)

Aujourd'hui est jour de séparation
et mon acte est sans appui. À grande eau, laver le visage, à grande eau, laver le corps. J'apprends à me taire, à me débarrasser de toi aussi sûr qu'on tombe. Et j'ai sombré
en quête d'eau vive et toi, tu ne suivais pas.
Que faire du grand corps plus lourd que son corps ? Et cet ensemble de feuilles et ce buisson, monté comme un feu auquel on s'accroche ?

Escapade (28)

Today is a day of separation
and my act is without support. Wash my face with plenty of water, wash my body with plenty of water. I learn to be quiet, to unburden myself of you, sure as gravity. And I foundered in quest of living waters... and you didn't follow.
What to do with this big body, heavier than one's own? And this sheaf of leaves and this bush, risen like a fire one clings to?

Cavale (29)

Quand l'ombre était par terre un dédale,
l'enfant voyait tomber d'un coup les vieilles personnes autour de lui :

découvre en silence l'oiseau dépecé
car ce vide fait aussi défaut hors nous
et pour soulever le vide immonde,
donne un coup de pied dans ce ballon de plumes,
hors nous,
réveille tout doux la bête de somme
et défroisse avec soin, hors nous, ce qui fut toujours là…

Escapade (29)

When shadow was a maze upon the earth,
the child saw the grown-ups fall, all at once, all around:

discover in silence the butchered bird
for this void is failing outside us too
and to lift the foul void
give this ball of feathers a kick,
outside us,
gently wake the workhorse
and carefully smooth, outside us, what was always there…

Cavale (30)

Et la fièvre est tombée en un manteau dehors.

Les animaux soufflent d'un souffle
égal à eux, tourmentés par la soif
d'un souffle qu'ils ne peuvent voir. Mais toi, si.
Le froid est source de joie quand elle s'efforce à l'intérieur du corps
de n'être qu'une totale et brève haleine. Ma rage provient du peu
d'être que tu places en moi. Ne suis-je point alors comme ces bêtes
dont le souffle émane en masse, si vaste et pleine, inconnue d'elles ?

Miroir de soi que toute personne tient :
le visage nous est commun.

Hormis les bêtes dont la pensée s'évapore, ô nimbes
dans l'encolure des autres bêtes, semblables à nous, miraculeuses.

Escapade (30)

And outside a mantle of fever fell.

Animals breathe with a breathing
equal to them, tormented by thirst
for a breath they cannot see. But you can.
The cold is a source of joy when it strives within the body to be only a brief and absolute breath. My fury derives from the slightness of being you place in me. Am I like those creatures, then, whose breath emerges en masse, so vast and full, unbeknownst to them?

Mirror of herself which every person holds:
a face we share.

Besides those beasts whose thought is vapor, o nimbus
in the necks of other beasts, like us, miraculous.

Cavale (31)

Les enfants jouent à la guerre.
Nul mot ne vient secourir. Nulle idée. Crier est le dernier dénuement. La dernière venue. Le pli en soi. Et quand crier n'est pas, on a déjà abandonné nos forces. Le souvenir de l'enfant ne suffit pas. Même heureux. Il cède devant rien. La langue épouse alors le vide de l'air et cette attache ne l'aide pas.
Murmure, dis-tu, posé sur ma bouche, en manque.

Escapade (31)

The children play at war.
No word comes to the rescue. No idea. To cry is the last deprivation. The latest arrival. The fold in oneself. And by the time the crying stops, our powers have been forsaken. The child's memory is not enough. Even happy. It bows to nothing. The tongue weds the void of air, a tie which avails it not.
A murmur, you say, stopped on my lips for lack.

Cavale (32)

Le cœur est la puissance des bêtes.
C'est ainsi qu'on commence dérobés quand le cœur bat
avant qu'on soit nous,
le cœur nous anticipe et pousse comme un bourgeon.

Nul autre être n'a cette chance, commencer après son cœur. Qu'est-ce à dire de la bouche ? Les mots ont-ils forme en elle ? *Oui.* Tout autour revient comme le souffle immense des bouches de la terre quand le monde tonne tambour, porte-voix, milieu, là où les fleuves arrivent et charrient même les morts. La voix ne peut détourner le chant qu'elle engendre. Les obstacles sont grands et les furies grondent. On pourrait croire au début de la Terre, au début de l'histoire. La boue happe les semelles et le temps démarre comme en laisse. Le visage est couvert par la chute d'un voile. Linge sur nos yeux pour ne pas voir qu'on meurt. Et la peau frissonne et tous les matins, le corps se lève, épuisé de dormir, d'avoir rouvert en son lit, la vie vécue. Suis-je alors cette bouche et sa forme mouvementée : je prends la forme de tout ce dont je parle et parfois me déforme. La bouche devient méconnaissable, le fond noir des bêtes. À l'assaut. Et la lumière se cache comme un corps à saisir. Elle est rétive au dernier des massacres. Mais la bouche n'a-t-elle d'autres mots, d'autres bouches ? Le cœur est la puissance des bêtes, nûment porté. La force qui s'en échappe nous frappe. Et que ce soit bête ou monde, nul ne peut reprendre ce geste, effacer mon sol, venir.

Escapade (32)

A beast's strength is its heart.
So that we begin in secret, when the heart beats
before we are us,
the heart is ahead of us, shooting like a bud.

No other being has this chance, to begin after its heart. What does this mean for the mouth? Do words have form in it? *Yes*. All around there echoes, like the vast breath of the earth's mouths when the world thunders—drum, megaphone, the milieu where streams come and ferry off even the dead. A voice cannot divert the song it begets. The obstacles are great and Furies growl. We might believe in the dawn of the world, the dawn of history. Mud clutches our soles, and time takes off, as if bridled. Face covered by a falling veil. Linen for our eyes, not to see ourselves dying. And skin shivers and every morning the body rises, spent from sleeping, from having reopened in its bed, a life lived. So I am that mouth, and its hectic form: I take the form of everything I speak of and sometimes deform myself. The mouth becomes unrecognizable, the black substance of beasts. On the offensive. And the light hides like a body to be seized. It is reticent at the final killing. But doesn't a mouth have other words, other mouths? A beast's strength is its heart, openly carried. The force escaping it strikes us. And neither beast nor world, no one can repeat this act, deface this ground, be here.

Cavale (33)

Souvent, tu me demandes,
ce que je possède, ce que j'ai,
à part ce flot de paroles, flot de paroles
que je porte comme un corps et ma maison quand les oiseaux viennent boire ensemble le peu d'eau restant de l'assiette,
avant le gel et la dureté du bec, impuissant à défendre.

Ce que j'ai n'est pas beaucoup,
encore que, auprès des armes sauvages,
en couple, peuple ou nation, auprès de toi, individu, capable de pire,
il s'agisse d'une grâce effective : j'ai l'amour et j'ai voix et la tienne entre toutes. Voilà qu'elle m'apporte un fait nouveau, toi présent comme irruption.

Tu partages ce que je suis
et gardes au loin ce qui s'acharne.

Escapade (33)

You often ask me
what I own, what I have,
besides this stream of words, stream of words
which I carry like a body and my house when the birds come to drink together the drop of water remaining in the dish,
before the frost and the beak's hardness, powerless to defend.

What I have is not much,
even if, beside barbarous arms
(in couples, peoples or nations), beside singular you (who could do worse), it's a matter of effective grace: I have love and a voice, not just any but yours. See, it brings me a new fact, in your intruding presence.

You share what I am
and keep what hounds at bay.

Cavale (34)

La somme du monde est un fruit poétique.
De même, les corps d'oiseaux se confondent à la boue
qu'ils écartent d'un coup de bec.
Cet écart les rend libres et sautille, inattaquable. Seul le vent les emporte avec la parole des enfants et leur chantier imaginaire.
L'oiseau effraie nos mains calleuses. À peine pouvons-nous porter si petit, si frêle, ce que nous étions au début. Le corps d'oiseau est une chaleur vivante et bestiale. Son cœur bat régulièrement comme on dort. Se penche vers l'unité comme n'importe quelle friction. Mais lui-même nous menace, doux et paisible, devient fort. La boue recouvre, solide à craquer et déserte, ne permet plus qu'on s'encombre. Parler devient le plus bel acte humain. Plus nu que nudité plus nue que la dernière des paroles.

Le vivant trépigne d'abandon.

Et l'oreille humaine est comme un tabernacle.
Un reposoir de grande clarté où l'invisible s'affole.
L'absence tient lieu de corps tandis que l'autre veille à la tête d'un baiser de bouche sur le front.

Escapade (34)

The whole of the world is a poetic fruit.
Likewise, the bodies of birds merge with the mud
they displace with a peck.
This displacement frees them and hops, unassailable. Only the wind sweeps them away, with the words of children and their imaginary worksite.
The bird frightens our calloused hands. We can hardly hold—so small, so frail—what we used to be. The bird's body is a living, animal warmth. Its heart beats regular as sleep. Bends towards unity like some kind of friction. But in itself it threatens us, soft and serene, becomes strong. The mud envelops, solid to bursting and barren, no longer allows us to wallow. Speaking becomes the most beautiful human act. Barer than bareness, more bare than the final word.

The living thing paws the ground with abandon.

And the human ear is like a tabernacle.
A repository of great brightness where the invisible panics.
Absence stands in for the body while the latter attends to the head with a kiss on the brow.

Cavale (35)

Le poème est le deuil incessant
non fait de la personne humaine, à peine un visage.

Je perds ton pouls, poignet d'amertume. Es-tu la faiblesse ou l'animal en chasse, respirant très peu de peur d'être pris ? Gardes-tu là comme un corps lumineux l'énergie de ton être ? Je mesure l'emballement qui me sépare de toi. Ici une bouchée d'air est une victoire ici comme un baiser mélange à vos chairs un poids. Le monde est volé au souffle d'un oiseau que rien ne dérange, pas même son dénuement, pas même le détachement par plaque des buissons : la désarticulation d'un corps. Que vais-je faire avec mon souffle sur les bras quand on me l'aura remis parce qu'on n'en veut pas ? De mon souffle à moi qui penche comme la tête d'un enfant ? Maladroit mon souffle est maladroit ! Il s'époumone au milieu de l'air et nul visage ne vient lui donner sa puissance : aucun son ne vient combler l'arythmie du cœur. Il faudrait avoir fait beaucoup de provisions mais le souffle en est incapable. Tout au plus a-t-il assez de forces pour reprendre. Le souffle est un passage dont l'un me poursuit. Le monde appuie sa force derrière nos mollets. L'animal en nous serre les dents : stupide. J'ai ramassé le dernier rouge-gorge avec un bout de carton plié car je n'avais pas de pelle. Je l'ai mis dans un panier au-dessus du vide, très simplement. Nous sommes morts tous les deux. Cette absence ne fut remarquée par personne. Est-il possible d'emprunter le même chemin que toi : défait, repoussé dans l'angle ?

Nous marchons
à travers l'insensé que nos deux corps produisent.

Escapade (35)

The poem is the ceaseless lament not made
of the human person, barely a face.

I've lost your pulse, a handful of bitterness. Are you weakness or the animal in flight, breathing lightly for fear of being caught? Are you guarding like some luminous body the energy of your being? I measure the frenzied flight which divides me from you. Here a gulp of air is a victory here a heaviness suffuses your flesh like a kiss. The world is stolen from the breath of a bird disturbed by nothing, not even its destitution, not even the bushes' sheet-by-sheet detachment: the disarticulation of a body. What will I do with my breath on my hands when they've returned it, want nothing to do with it? From my breath to me, who lean like a child's head? Clumsy my breath is clumsy! It shouts itself hoarse in mid-air and no face comes to lend it strength: no sound comes to patch up the heart's arrhythmia. Provisions would have to have been made but breath is not able. At most it will have strength to resume. Breathing is passage, and one such pursues me. The world applies its force behind our calves. The animal in us grits its teeth: ridiculous. I scooped up the last robin in a bit of folded cardboard because I didn't have a spade. I put it in a basket suspended above the void, very simple. We died, both of us. No one remarked our absence. Can I take the path you did: undone, pushed into a corner?

We walk
through the inanity which our two bodies issue.

Cavale (36)

Comment m'es-tu apparu déjà ?
Ah oui ! Il y a de l'affolement dans chacune de tes réponses
et si tu pars, c'est avec les gestes que je remonte
aux traits précis du visage.
L'absence est restaurée, difforme, entretenue comme un feu, difforme et le bruit que je fais, exprès pour l'éveiller,
difforme.

Escapade (36)

    How did you appear to me before?
Oh yes! There's panic in your every answer
and if you leave it's with gestures I trace
to the lines of your face.
Absence is restored, deformed, maintained like a fire, deformed,
and the noise I make, expressly to wake it,
deformed.

Cavale (37)

J'entends. Tu respires.
Ton souffle est un mélange de pluies,
bouche ouverte. Je me cale dessus. En toi, les bataillons d'horreur sont décimés. J'écris en toute hâte sur un coin de table : ce sont désormais grands formats. Grands formats d'amour et d'éclosion. Ils forment une lutte pour apparaître dans le sourire de *Béatrice* ou n'importe qui d'autre.

Plus vaste centre d'équité et d'embrasement.

Escapade (37)

I hear. You breathe.
Your breath is a mixture of rains,
open-mouthed. I settle in to watch. In you, the legions of horror
are decimated. I write in haste on a corner of the table: from now
on the scale will be epic. An epic scale for love and birthing. These
constitute a struggle to appear in the smile of *Beatrice*
or whoever else.

A wider nexus of equity and conflagration.

Cavale (38)

J'ai en moi
une moitié de bête. Celle dont le corps
est ralenti, empêché,
grignoté dans son jeu de hanches.
Les enfants tombent comme des mouches au moindre signe de pâleur et même sur un front noir, la vie se pousse sur les côtés
et fait passer et fait passer.

Escapade (38)

There is in me
half an animal. Whose body
is slowed, hindered.
Chipped away in the play of its hips.
The children fall like flies at the least sign of pallor and, even on a
black brow, life pushes in at the edges
and lets slide, lets slide.

Cavale (39)

Je traque jusqu'aux organes
          les phénomènes.

Bondir en ma nuit monde
          ta bouche porte-voix
                    toi

          pélican porteur de royauté
qui fais tomber le sang sur l'oisillon devenu chose.

Escapade (39)

I trace phenomena
to the organs.

Bounding in my night world
your megaphone mouth
you

pelican bearer of royalty
who make blood flow over the chick-become-thing.

Cavale (40)

Les enfants disparaissent
en faisant tour de manège sur tour de manège.
Il n'y a qu'à tourner la tête pour les revoir mais c'est le vide qui siège, démantelé.
Les oiseaux s'envolent en soulevant dans leurs serres
l'univers comme un drap.

Escapade (40)

The children disappear
making round after round on the merry-go-round.
One has only to turn one's head to see them again but then it's the void sitting there, dismantled.
The birds take off, their talons lift
the universe like a sheet.

Cavale (41)

Les oiseaux brûlent
nos bras débordent et déjà les plus petits se mettent à rouler hors le monde.

La vie s'achève par un côté de la terre.

Escapade (41)

The birds burn
our arms brim and already the smallest start rolling out of the world.

Life comes to an end on one side of the earth.

Cavale (42)

On s'empare de ta bouche
comme d'un butin mais ta voix est l'expression qu'on ne peut greffer car de toutes les métamorphoses, la bouche est le dernier lieu humain.
La solitude se reforme.
Le corps se retire. La peau sue et frémit : toi d'être toi. Moi d'être moi. Tous les animaux se regardent au moment de la soif. Se regardent pour boire, vulnérables. C'est ainsi que nous sentons bouger sous les yeux clos.

Escapade (42)

Someone carries off your mouth
as if it were plunder but your voice is the expression which cannot
be grafted, for of all metamorphoses, the mouth is the last site
of the human.
Solitude is reconstituted.
The body withdraws. Our skin sweats and shudders: yours at being you. Mine at being me. All animals keep watch at the moment of thirst. Watch themselves, each other, in order to drink, vulnerable. In the same way we sense movement under our closed eyes.

Cavale (43)

Peut-on dire *aimable* au regard du monde ?

Je cherche en mes forces, les plus inqualifiables,
rien ne vient.
Si je suis une ligne, c'est par accident.
Planquées dans l'ombre, les bouches sont à l'arrêt : ôte-toi du visage, ôte-toi. La suite piétine comme un corps plus lié que tout à la masse qui le maintient : longuement.
Voir permet d'ajourer. Parfois les obstacles.
Alors se redresse en nous l'entraide : toi de quitter tous les terrains.

Moi de saisir nos cinq sens.

Escapade (43)

Can we say *friendly*, respecting the world?

I search among my most appalling strengths—
nothing comes.
If I am a line, it's by accident.
Hidden in shadow, mouths are still: *get out of this face, get out*. The sequel tarries, like a body tied tightly to its sustaining mass: at length.
Sight allows for openwork. Obstacles sometimes.
Mutual aid is reestablished between us: for you to leave all lands behind.

For me to seize our five senses.

Cavale (44)

Je voudrais savoir si j'existe encore.
T'accueillir comme si nulle démence ne m'avait atteinte. Je voudrais te sentir mon époux. Je n'ai besoin de rien montrer. Je te précède avec les mots. Et toi ? Avec quoi me précèdes-tu ?

Escapade (44)

I'd like to know if I still exist.
To welcome you as if no madness had afflicted me. I'd like to feel that you're my husband. I have nothing to prove. I get there before you with words. And you? What are you first in?

Cavale (45)

Minos prépare la guerre. Cette peur brutale,
dératée. La haine repousse toute seule au milieu des machines.
Ma bouche se dénoue en même temps. Articule la même faim.
S'ouvre à l'unisson. Pur déplacement de bonheur et malheur. Voici
l'amour. De même pour parler :
on chuchote à peine sa voix dans l'air sensible (l'une est le courage
de l'autre) et c'est en parlant tout bas que des liens se forment, muets
d'abord, oui, avant d'être autre chose. De même
ton faciès en qui je situe tous mes pleurs : un rien suffit
pour l'emporter.

Escapade (45)

Minos prepares for war. That sudden fear,
maniacal. Hatred grows again, alone amid the machines.
At the same time my mouth loosens. Articulates the same hunger.
Opens in unison. Pure movement of joy and misfortune. This is
love. Likewise when speaking:
one scarcely whispers one's voice into the sensitive air (it is the
latter's courage) and by speaking low, ties form, mute at first, yes,
before being something else. Likewise
your face, in which I situate all my tears: a nothing could
sweep it away.

Cavale (46)

Un cerbère en nous garde le silence.
C'est son os le plus précieux. Rien n'afflue pas même un début.
Nous serrons les dents sur un membre invisible. Et lui-même ne
nous voit pas. Que sait-il d'ailleurs de notre emprise ? Sans doute
ignore-t-il le temps comme les bêtes et les enfants :
tout est là. En criant,
l'orchidée,
se froisse,
comme du papier. C'est en comparaison de la bouche.

Mille milliards de mots nouent mon visage par le bas.

Escapade (46)

A Cerberus in us guards its silence.
Which is its choicest bone. Nothing floods in, not even the start of something.
We clamp our teeth around an invisible limb. And it doesn't even see us. What does it know of our influence, anyway? Doubtless it knows nothing of time, like animals and children:
everything is there. Crying,
the orchid
wrinkles,
like paper. That's in contrast to the mouth.

Trillions of words bind my face from below.

Cavale (47)

Dans un coin, les miettes
signalent ton absence. Elle ne fait que passer.

J'efface à la gomme blanche la blancheur d'une page
et vois surgir à l'envers ce que tu vois. Balaye aussi la nuit.

L'odeur de la végétation règne en douce sur tes cheveux.

Escapade (47)

In a corner, crumbs
signal your absence. Which merely passes.

I erase with white rubber the whiteness of a page
and see what you see, appearing in reverse. Sweep the night away,
too.

The smell of vegetation reigns surreptitiously over your hair.

Cavale (48)

désert à la sève rare

J'avance en ignorant l'accélération croissante
du rythme des mots. Ils sont la forêt. Ailleurs ma bouche engloutit
les vraies bêtes sauvages. Bondir parmi les fauves :
prochain terreau. Homme genoux dans la poussière, la paix des bêtes est effective. Je suis l'enfant de sable qui dépouille les chants d'oiseaux et met au centre leur clarté. Ton cœur est la région disséminée. Elle reçoit le monde en état de choc et sur un plateau de clématites (immense) une bouche sèche réinvente *boire*. Je suis par transparence le bleu du monde ému dans l'aile d'oiseau. Je suis la crainte du corps ramenée par vague. Je suis le fouillis du vent. Son actif bouquet d'air. Je suis l'un dans l'autre le tissu humain. L'ombre
couvée
d'un croc funèbre.

Escapade (48)

desert with sap scarce

I advance, ignoring the increasing acceleration
of the rhythm of words. They are the forest. Elsewhere my mouth
engulfs the truly savage beasts. To leap among leopards:
the next breeding ground over. A man, knees in the dust—the peace of beasts is effective. I am the child of sand plucking birdsongs, putting their brightness front and center. Your heart is the region sown. It receives the world in a state of shock and in a dish of clematis (immense) a dry mouth reinvents *to drink*. I am by transparency the blue of the touched world in the bird's wing. I am the body's fear returned on a wave. I am the jumble of wind. Its energetic bouquet of air. I am the one in the other, human tissue. The brooded shadow of a mournful fang.

Cavale (49)

Celui dont la force nue est faible
est l'animal hanté.
Il est resté sans voix.
Non né. Muet dissimulé. Inorganique.
Contemporain d'un frein. Pollen. La robe noire de l'été, la robe noire de l'été… La chaleur a blanchi tous les os, effrités. Détaché toutes les pages, détachées. A ouvert tous les livres, ouverts. Pulvérisé l'ineffable en un pli par l'épaule.

Frémir s'impose et souffler juste :
terre sur le feu présent.

Escapade (49)

He whose naked force is feeble
is the haunted animal.
He remained voiceless.
Unborn. Mute concealed. Inorganic.
The peer of obstacles. Pollen. Black dress for summer, black dress for summer... Heat blanched every crumbled bone. Detached every detached page. Opened every open book. Pulverized the ineffable in a fold by its shoulder.

A shudder is imposed, and right breathing:
earth for the present flames.

Cavale (50)

La bouche est une poupée. Les cris n'ont pas porté.
La bouche est solitaire. Les autres n'ont pas parlé. La bouche est le retrait où se trame l'extérieur. Non pas détruit, vacillant.
Avec ta mort, je plie les draps. La maison calme. Le cœur sursaute comme une feuille avant de plonger. Les mains s'assurent d'abord du fond.
On partage le sort de l'homme nu : petit homme taillé dans la chair.
On s'échappe comme l'enfant de l'enfant.
L'absence nous affecte d'un nouvel organe.
On échange la douleur contre un peu d'air. Vital.
Ainsi le corps se renverse.

Tant
que les yeux du monde ne peuvent fermer.

Escapade (50)

The mouth is a doll. Its cries didn't carry.
The mouth is solitary. The others didn't speak. The mouth is the retreat where the external is woven. Not destroyed, but faltering. With your death, I fold the sheets. The house is calm. My heart twirls like a leaf before plunging. My hands make sure of the bottom first.
Ours is the naked man's lot: little man, carved in flesh.
We escape as the child does from the child.
Absence assigns us a new organ.
We exchange pain for a little air. Vital.
Thus the body tips.

So much
that the eyes of the world cannot close.

Cavale (51)

…viens me prendre un baiser,
j'en ai beaucoup, mets de l'eau fraîche dans ma bouche,
remise en moi l'obscur, l'apogée,
et fonde, abondant,
l'air instable, dévorée, viens à moi,
soulager, ma laideur ma laideur ma laideur…

Escapade (51)

...come get a kiss from me,
I have plenty, put cool water in my mouth,
lodge the obscure in me, the heights,
and in your abundance ground
the unstable air, come to me, be devoured,
and assuage my
hideous, hideous, hideousness...

Cavale (52)

Filmés dans nos roulades :
un nuage de cendres volcaniques empêche de tout voir.

Non !

C'est le *blanco* passé en trombe derrière les yeux.

Escapade (52)

Filmed doing our somersaults:
a cloud of volcanic cinders prevents us from seeing it all.

No!

It's the waterspout of whiteout passing behind our eyes.

Cavale (53)

J'ouvre la bouche en même temps que toi.
La souple chair d'une mangue. Comme un cahier d'écorces, épais par ses feuilles, tout cousu à la main, ma nourriture est remplie de famines. Sabir un jour de Pentecôte. Voilà le fait : rien à redire. Les poèmes sont entièrement détruits. Il faut se remettre à vivre l'existence nue. Me voilà malhabile pour elle. Ne sachant plus comment on fait ni quoi faire de mes deux mains. Engourdi par l'eau froide, le sommeil, une très longue maladie, mon corps est plein d'obstacles. (...)
Soudain, l'action des femmes me reprend. Mélanger la farine et les œufs, l'huile d'olive et le sucre. Qu'appelle-t-on *gâteau de santé* ? Un yaourt à la vanille.

Escapade (53)

I open my mouth when you do.
The supple flesh of a mango. Like a notebook of peels, thick with its leaves, all sewn by hand, my trough is full of famines. Sabir, on a Pentecost Sunday. Here is the fact: nothing to repeat. The poems have been wholly destroyed. Must get back on track, live a naked existence. Here I am, ill-equipped for that. No longer aware what is done or what to do with my two hands. Numbed by cold water, sleep, a very long illness, my body is full of obstacles. (...)
Suddenly women's activity reclaims me. Mixing flour and eggs, olive oil and sugar. What is it they call a *gâteau de santé*? A vanilla yogurt.

Cavale (54)

Nazareth, Pontacole, grands désordres, châtiment

Sécateur à l'endroit du soleil, papillon séché comme fruit dans pièce exposée, chaleur, véranda, tes joues sont toutes rouges, les cours d'école, carré désert à chaque étage.
Tu frappes à ma porte sur un cheval à bascule.

Escapade (54)

Nazareth, Pontacole, great disorders, punishment

Pruning shears where the sun shines, butterfly dried like a fruit on exhibit, warmth, veranda, your cheeks are all red, schoolyards, an empty square on every floor.
You knock at my door on a rocking horse.

Cavale (55)

Ôte tes gants de jardinier pour jouir dans mes cuisses.
Elles cachent plus d'un pli. Une seconde.
La lumière. Notre éden est un pré : immobile comme les veaux.
Chante-Merle est jaloux
de ma longue musculature.

Escapade (55)

Take off your gardening gloves and come between my thighs.
They harbor more than one fold. A second.
The light. Our Eden is a meadow: still, like the calves.
Chante-Merle is jealous
of my long musculature.

Cavale (56)

Vent changé d'épaule,
comme un sac à dos bien lourd,
la terre en fuite par un coin de rétroviseur,
me voilà remise.

Le blanc cassé des meules. Ton cri chasse les fantômes.
Je porte tes vêtements. Nue sans mon bracelet. Et viens toujours te voir avec la même robe et ma tignasse au lait d'amande.

Escapade (56)

Wind shifted from shoulder to shoulder
like a heavy backpack,
earth in flight in one corner of the rear-view mirror,
here I am, back in place.

The broken white of millstones. Your cry routs the phantoms.
I wear your clothes. Naked without my bracelet. And always come
to see you in the same dress and my mane like almond milk.

Cavale (57)

Tu fais fuir les animaux. Tu les affoles avec ta voix.
Espiègle, elle m'attend : elle m'attend malgré le monde.
Une coupure au pied m'empêche de filer
plus vite que la balle que tu prends pour cible. Grande
comme une épingle à cheveux. Quoique…

Mesure d'un pas entre deux corps.

Escapade (57)

You make animals flee. You panic them with your voice.
It waits for me, mischievous: it waits for me despite the world.
A cut on the foot prevents me from fleeing
faster than the bullet you've made your target. Big
as a hairpin. Although...

A stride's distance between two bodies.

Cavale (58)

On fait venir les grands télescopes pour voir Vénus
devant le soleil. De grandes lunettes
et la feuille d'aluminium.

Que dit-on que l'on voit ? L'étoile du Berger. Une journée qui dure des mois. Là le ciel. Là les livres. Les visages, chambre noire.

Escapade (58)

We call for the grand telescopes to see Venus
in front of the sun. A large pair of glasses
and aluminum foil.

What are we supposed to see? The shepherd's star. A day lasting months. There the sky. There the books. The faces, a black room.

Cavale (59)

En tant que bête, j'ai peur de moi.
Même en pensée. Un élastique retient ma chemise et tous les bruits.

Escapade (59)

As a beast, I'm afraid of me.
Even in thought. A rubber band holds back my shirt and all sounds.

Cavale (60)

Quelle sorte d'animal es-tu pour courir la bouche ouverte ? L'animal répond : je suis un enfant. Ma langue est comme tenue en laisse. Un arrière-fond l'étrangle ou presque. Un arrière-goût de sang. De mort peut-être. De non-être. Un arrière-goût de terre. Et de colle organique quand mon corps était un bloc d'organes indifférenciés. Je suis cela et ma langue tenue en laisse. Et ma langue tenue en laisse veut saisir le monde qu'elle n'a pas.
Et je tire ma langue en courant sans penser à tomber.

Escapade (60)

What kind of animal must you be, to run open-mouthed? The animal replies: I am a child. My tongue is as if bridled. A background stifles it, or almost. An aftertaste of blood. Of death perhaps. Of non-being. An aftertaste of earth. Of organic glue from when my body was a slab of undifferentiated organs. I am that and my bridled tongue. And my bridled tongue wants to seize the world it does not have.
And I stick out my tongue and I run with no thought of falling.

Translator's Note

Marie-Noëlle Agniau is one of France's most virtuosic living poets. She is prolific across genres, writing philosophical, literary, and personal essays as well as poetry—it required some reflection to choose a collection to translate. I settled on *The Escapades* (in French, *Cavale*) because it's what you might call a "major work"—a condensed expression of her voice, her technique, and her poetic thought. It also spoke to my own affinities as a classical scholar in its rich layering of classical and biblical motifs with urgent contemporary themes. But there is much more that deserves translation. Across her œuvre, Agniau exhibits the same vivacity, the same warmth and insight, the same fascinating play of transparent and opaque language. She has developed a poetic idiom which, though it sometimes requires patience and care from the reader, is just right for attempting the poetic task she has set herself.

In a recent radio interview Agniau proposed that the task of poetry is an "ethical" one: "to bear witness to that which the flow of time does not allow us to see with calm and patience."* A poem, then, is a kind of memorial—but unlike a battlefield obelisk, a poem commemorates more than the great moments of history, facts which everyone acknowledges. "With calm and patience," the poet unearths the most elusive aspects of

* Laurent Bourdelas, "Marie-Noëlle Agniau," January 4, 2022, in *Enfant de la balle*, podcast, 25:49, https://www.rcf.fr/culture/enfant-de-la-balle?episode=189955 [translation—*JHA*].

personal experience, and shows them to us as truly as they can. *The Escapades* is a collection which deserves to be read with this ideal in mind.

The French title, *Cavale*, is an old-fashioned word for a mare (superseded by *jument* in modern parlance). Nowadays *cavale* usually means something more like "escapade" and often appears in the phrase *en cavale*, meaning "on the lam" or "running amok." I have chosen *The Escapades* as the English title, foregrounding the more common meaning and hoping to capture the book's playful, anarchic spirit. But the relationship between human and animal being is one of its major themes, and allusions to horses (as well as other animals) should not be ignored.

The Escapades is in part a response to the story of Ocyrhoe in Ovid's *Metamorphoses*. Ocyrhoe, the human daughter of the centaur Chiron, was born with prophetic gifts. When she told more of the future than she ought, the offended Fates transformed her into a horse, depriving her of speech. A deprivation of this kind, the loss of speech, is something which the speaker in *The Escapades* frequently discusses and resists. Like Ocyrhoe, the "I" of these poems is sometimes human, sometimes animal—but will not be silenced, and runs amok. To what degree this spirit of freedom, of unrestraint, is in tension with the calm and patient work of the poet, I leave it for the reader to judge.

I owe a debt of gratitude to my father, who improved *The Escapades* immensely with his acute and patient reading, and who inspires my love of poetry by his own.

Marie-Noëlle Agniau is a poet, essayist, and educator. Since 2002, she has published more than thirty volumes of poetry, philosophy, and belles lettres, as well as collaborative work with visual artists. She is a familiar voice on the radio network RCF, where she presents poetic and philosophical programs. Agniau lives in Limousin, central France, with her husband, the writer Laurent Bourdelas.

Jesse Hover Amar is a scholar of Classical literature. He is interested in poetry which displays deep engagement with texts from the past, while asserting its modernity and uniqueness. In 2022, he served as guest editor for *World Poetry Review*. *The Escapades* is his first work as a translator.

This book was typeset in JJannon, a revival of Jean Jannon's quintessential seventeenth-century French serif. Misattributed to Claude Garamond for nearly three-hundred years, this contemporary version by François Rappo preserves the baroque details of Jannon's original drawings. Cover design by Andrew Bourne. Typesetting by Don't Look Now. Printed and bound by BALTO Print in Lithuania.

WORLD POETRY

Marie-Noëlle Agniau
The Escapades
tr. Jesse Hover Amar

Jean-Paul Auxeméry
Selected Poems
tr. Nathaniel Tarn

Boethius
The Poems from On the Consolation of Philosophy
tr. Peter Glassgold

Maria Borio
Transparencies
tr. Danielle Pieratti

Jeannette L. Clariond
Goddesses of Water
tr. Samantha Schnee

Jacques Darras
John Scotus Eriugena at Laon
tr. Richard Sieburth

Mario dell'Arco
Day Lasts Forever: Selected Poems
tr. Marc Alan Di Martino

Olivia Elias
Chaos, Crossing
tr. Kareem James Abu-Zeid

Jerzy Ficowski
Everything I Don't Know
tr. Jennifer Grotz & Piotr Sommer
PEN AWARD FOR POETRY IN TRANSLATION

Antonio Gamoneda
Book of the Cold
tr. Katherine M. Hedeen & Víctor Rodríguez Núñez

Mireille Gansel
Soul House
tr. Joan Seliger Sidney

Óscar García Sierra
Houston, I'm the problem
tr. Carmen Yus Quintero

Phoebe Giannisi
Homerica
tr. Brian Sneeden

Zuzanna Ginczanka
On Centaurs & Other Poems
tr. Alex Braslavsky

Julien Gracq
Abounding Freedom
tr. Alice Yang

Leeladhar Jagoori
What of the Earth Was Saved
tr. Matt Reeck

Nakedness Is My End: Poems from the Greek Anthology
tr. Edmund Keeley

Jazra Khaleed
The Light That Burns Us
ed. Karen Van Dyck

Judith Kiros
O
tr. Kira Josefsson

Dimitra Kotoula
The Slow Horizon That Breathes
tr. Maria Nazos

Maria Laina
Hers
tr. Karen Van Dyck

Maria Laina
Rose Fear
tr. Sarah McCann

Perrin Langda
A Few Microseconds on Earth
tr. Pauline Levy Valensi

Afrizal Malna
Document Shredding Museum
tr. Daniel Owen

Joyce Mansour
In the Glittering Maw: Selected Poems
tr. C. Francis Fisher

Manuel Maples Arce
Stridentist Poems
tr. KM Cascia

Ennio Moltedo
Night
tr. Marguerite Feitlowitz

Meret Oppenheim
The Loveliest Vowel Empties: Collected Poems
tr. Kathleen Heil

Giovanni Pascoli
Last Dream
tr. Geoffrey Brock
RAIZISS/DE PALCHI TRANSLATION AWARD

Gabriel Pomerand
Saint Ghetto of the Loans
tr. Michael Kasper & Bhamati Viswanathan

Rainer Maria Rilke
Where the Paths Do Not Go
tr. Burton Pike

Elisabeth Rynell
Night Talks
tr. Rika Lesser

Waly Salomão
Border Fare
tr. Maryam Monalisa Gharavi

George Sarantaris
Abyss and Song: Selected Poems
tr. Pria Louka

George Seferis
Book of Exercises II
tr. Jennifer R. Kellogg

Seo Jung Hak
The Cheapest France in Town
tr. Megan Sungyoon

Ardengo Soffici
Simultaneities & Lyric Chemisms
tr. Olivia E. Sears

Paul Verlaine
Before Wisdom: The Early Poems
tr. Keith Waldrop & K.A. Hays

Witold Wirpsza
Apotheosis of Music
tr. Frank L. Vigoda

Uljana Wolf
kochanie, today i bought bread
tr. Greg Nissan

Ye Lijun
My Mountain Country
tr. Fiona Sze-Lorrain

Verónica Zondek
Cold Fire
tr. Katherine Silver